i Robinson / Letture

Tullio De Mauro

In Europa son già 103
Troppe lingue per una democrazia?

Editori Laterza

© 2014, Gius. Laterza & Figli

www.laterza.it

Prima edizione novembre 2014

		Edizione		
1	2	3	4	5
		Anno		
2014	2015	2016	2017	2018

Proprietà letteraria riservata
Gius. Laterza & Figli Spa,
Roma-Bari

Questo libro è stampato
su carta amica delle foreste

Stampato da
SEDIT - Bari (Italy)
per conto della
Gius. Laterza & Figli Spa
ISBN 978-88-581-1622-7

Indice

Nuove questioni linguistiche

In questi mesi la stampa tedesca ha dedicato una certa attenzione all'agile libro di uno dei maggiori linguisti europei, Jürgen Trabant, *Globalesisch, oder was?* (Il global english, oppure che altro?). L'attenzione è certamente dovuta alla qualità del libro, ma anche al costante interesse con cui la stampa e i politici tedeschi (dal presidente Joachim Gauck ad Angela Merkel) seguono le questioni del multilinguismo, dalla coesistenza del tedesco con le lingue immigrate negli asili nido e nella scuola primaria, alla opportunità di espandere la conoscenza e l'uso dell'inglese nell'intera vita sociale. Di questa espansione Gauck si è fatto promotore, non solo in Germania ma in tutta l'Unione Europea.

La propensione per l'inglese può essere ed è discussa. Ma, qualunque sia la scelta, l'attenzione dimostrata da studiosi, giornalisti e politici tedeschi meriterebbe di essere imitata. Invece qua e là in Europa, specialmente in Italia e Spagna, hanno trovato spazio soprattutto diatribe diplomatiche e istituzionali su quali debbano essere le lingue di servizio in uffici e commissioni dell'Unione: cinque lingue (francese, inglese, italiano, spagnolo, tedesco)? Tre soltanto, lasciando fuori lo spagnolo e l'italiano? O magari solo una? E quale?

Scelte e aspetti burocratici e istituzionali non sono da sottovalutare. Ma la questione della lingua è più seria e complicata, non riguarda le burocrazie e l'ufficialità, riguarda i popoli dell'Europa nella loro interezza. È una questione politica, di politica democratica anzitutto, e non solo una questione istituzionale, di rapporti ufficiali fra gli Stati entro la vita formale delle istituzioni dell'Unione. Ed è anche una questione di cultura e di scuola. Stati dispotici come i grandi imperi del passato non ebbero difficoltà a consentire, e persino a favorire, che i popoli soggetti parlassero ciascuno una lingua diversa. L'impero asburgico, fino alla sua dissoluzione, è stato l'ultimo erede di questa millenaria tradizione. Un forte potere centrale monocratico e dispotico può prendersi il lusso di lasciare che i propri sudditi parlino le lingue che vogliono, tanto poco contano. Viceversa, è molto difficile costruire una grande comunità politica democratica – come molti auspicano che l'Unione Europea diventi – se i cittadini non dispongono della medesima lingua per discutere scelte e decidere personalmente, e non delegando ai propri rappresentanti e governi.

La domanda allora è: se si vuol percorrere la via della democrazia effettiva, la difficoltà del multilinguismo è superabile? Un esempio positivo di coesistenza tra multilinguismo e democrazia diretta e parlamentare ci è tradizionalmente offerto dalla Svizzera. Ma l'ordine di grandezza è assai modesto rispetto a quello dell'Unione Europea. Più interessante sarebbe considerare con attenzione, fuori di semplificazioni approssimative (tanto parlano tutti russo, tanto parlano tutti inglese...), l'esperienza della Confederazione Russa e dell'India, sotto il profilo della coesistenza di più lingue e democrazia parlamentare. E pure interessanti sono i segnali di un emergente bilinguismo anglo-spagnolo negli Stati Uniti.

Se vogliamo che l'Europa a 28 si trasformi in uno Stato federale democratico, la questione della lingua come questione politica di democrazia, di partecipazione paritaria delle popolazioni al governo dell'Unione non è più eludibile. La soluzione è indubbiamente complicata: le lingue in gioco sono troppe, specie se si tiene conto del progressivo allargamento dell'Unione verso est, sino a far coincidere i suoi confini con quelli dell'Europa della geografia, che è poi l'Europa della storia e della cultura. E nella storia e nella cultura di ciascuno dei diversi paesi e popoli le lingue sono troppo radicate per pensare di cancellarle con un tratto di penna ufficiale, con qualche accordo tra istituzioni.

Nelle pagine che seguono cercherò di dar conto nel modo più semplice possibile di questa oggettiva complicazione, che rende difficile il cammino verso una piena e comune democrazia in Europa e nell'Unione Europea. Divenire consapevoli di questa complicazione potrebbe rappresentare il primo passo utile per costruire soluzioni efficaci.

In Europa son già 103

Troppe lingue per una democrazia?

1
Il sorriso di Omero

*Né quando Europa
del divin Radamanto e di Minosse
padre mi fece*

Iliade, XIV

L'Europa ha vissuto conflitti esacerbati, crudeli, di etnie, religioni, Stati, eserciti. E tuttavia è giusto ricordare che la storia d'Europa comincia con un sorriso. È il sorriso con cui Omero, nell'*Iliade*, racconta un momento della lunga guerra sotto le mura di Troia. In uno scontro sanguinoso i greci sono ridotti a mal partito dai troiani. La causa è Zeus: Teti, crucciata per le offese fatte dai greci al figlio Achille, lo ha indotto a prestare aiuto ai troiani. Gli altri dèi dell'Olimpo, favorevoli ai greci, si consultano, ma non sanno che cosa fare. Opporsi al loro padre e signore è impensabile. Ma Hera, la sposa di Zeus, ha un'idea: sale sulla vetta dell'Olimpo e si presenta a Zeus vestita di tutte le sue grazie. Zeus, incontinente *tombeur de femmes,* non resiste e tenta un approccio con quella che, oltre tutto, è la sua legittima spo-

5

sa. Ma Hera fa la ritrosa, al momento non è disponibile. Zeus è molto irritato: resistere a lui! Lui sposo, padre, signore e, in più, amatore indefesso. E per convincere la riluttante Hera comincia a elencare i suoi sterminati successi amorosi, citando tutte le dèe, le ninfe e le donne mortali che ha posseduto. Hera, che in realtà conosce bene le avventure extraconiugali dello sposo, finge stupore e ammirazione e, infine, gli cede. Zeus dà sfogo ai suoi desideri e poi, spossato, si assopisce in un sonno ristoratore. Sulla terra, intanto, via libera agli dèi filoellenici che intervengono pesantemente nella battaglia. Mentre Zeus dorme, le sorti dei greci si risollevano e i troiani sono costretti a trovare rifugio entro le mura della loro città.

L'elenco delle donne amate da Zeus è impressionante. Lorenzo da Ponte e Mozart, due millenni più tardi, faranno appena poco meglio con l'album da cui Leporello estrae il numero degli amori di don Giovanni. Tra le amate di Zeus, una viene evocata senza nominarla esplicitamente, tanto doveva essere nota: Omero la indica come la figlia del re di Tiro, la maggiore città della Fenicia (all'incirca l'attuale Libano). Gli antichi commentatori di Omero (e Vincenzo Monti nella sua traduzione) ci dicono il suo nome, Εὐρώπη, *Eurōpē* (da cui poi in latino *Eurōpa*), e, insieme ai mitografi, raccontano che per possederla Zeus dovette assumere l'aspetto di un mansueto torello bianco. L'ingenua fanciulla, che se ne stava intenta a cogliere fiori in riva al mare, pensò di montargli in groppa, a quel punto il dio si tuffò in mare, insieme alla fanciulla, e attraversò il Mediterraneo fino a Creta. Qui tornò ad assumere le forme antropomorfe e si unì alla giovane. Uno dei figli, Minosse, fu il fondatore della più antica civiltà ellenica ed europea, la civiltà che chiamiamo minoicomicenea o cretese-micenea.

Europa, dunque, era semita, una extracomunitaria nel mondo indoeuropeo. Un vero smacco, un peccato originale agli occhi dei razzisti. Non ci sono etimologie del nome accettabili dal punto di vista rigorosamente linguistico. E non è chiaro se sia stata lei ad aver dato il nome al continente europeo o se, al contrario, il significato geografico sia il più antico. Certo è che due secoli dopo i versi di

7

Omero troviamo il nome in uso per designare, anche se in modo vago, terre e paesi a nord della Grecia, e cioè *grosso modo* la parte centrale e settentrionale della penisola balcanica, dalla Macedonia verso il Danubio. Nell'uso dei posteriori geografi greci e romani il nome andò estendendosi lentamente a tutte le terre dell'attuale Europa: dall'ultima Tule, nel Nord, alle isole del Mediterraneo, Creta e Sicilia, Malta e Lampedusa, dall'Atlantico e dalle Isole britanniche alle pianure russe fino agli Urali.

Come spiegano i moderni geografi, questa delimitazione non ha molto senso in termini strettamente geografici e geologici: con i suoi quasi dieci milioni e mezzo di chilometri quadrati, l'Europa appare piuttosto un'appendice dei quarantaquattro milioni di chilometri dell'Asia, un'appendice di non molto superiore alla Penisola Arabica (quasi tre milioni di chilometri quadrati) e all'India (tre milioni e trecentomila chilometri), che consideriamo senza dubbio propaggini dell'Asia. Si aggiunga che clima e orogenesi marcano i confini di Arabia e India verso il resto dell'Asia assai meglio di quanto i confini dell'Europa siano segnati

8

dal displuviale degli Urali e dalla linea conven-
zionale e variamente individuata che se ne di-
parte verso sud e il Mar Nero o Mar Caspio (a
seconda delle scelte convenzionali).

2
Le radici culturali dell'Europa

*L'Europa solamente
ha avuto qualche regno e infinite repubbliche*

Niccolò Machiavelli
Dell'arte della guerra

Non l'Himalaya o grandi deserti delimitano l'Europa e ne hanno fatto e fanno una unità specifica. Fattori unificanti e individuanti sono stati fenomeni d'ordine storico e culturale. Un'enumerazione anche frettolosa non è breve. Con un po' di pazienza proviamo a elencarli: la diffusione e l'adozione dell'alfabeto greco (di origine fenicia, come la ninfa Europa) e poi l'affermazione delle sue due grandi filiazioni, l'alfabeto latino e il cirillico, che consentono di scrivere tutte le lingue europee; l'eredità e lo sviluppo sia del *common law* sia del *civil law* romani; l'eredità della cultura letteraria e scientifica della grecità classica; Roma, la sua letteratura, le sue istituzioni, il suo impero; le ondate e il disperso insediamento della diaspora ebraica; Bisanzio e il suo impero millenario; la cristianizzazione con le sue diverse forme istituzionali (cristianesimo cattolico romano, cristianesimo riformato e cristianesimo ortodosso); la ricezione dell'apporto arabo nelle scienze, nelle tecniche, nell'architettura; le piazze al centro delle sue città, le piazze come mercato e luogo di incontro di signori e popolo; la nascita degli Stati monarchici nazionali fra tardo Medioevo e Rinascimento (una entità nuova nella storia, nuova rispetto alle organizzazioni tribali e agli imperi multietnici e alle città-stato); una secolare, quasi millenaria convergenza verso una comune lingua dell'alta cultura e del nascente pensiero critico e scientifico, quella latinità classica, medievale e moderna alla cui luce si sono formate le diverse lingue nazionali; gli "astratti" ideali delle grandi comuni utopie, le parole e i testi in cui si sono concretate, l'*Utopia* appunto di Tommaso Moro, le parole della Rivoluzione francese, *liberté*, *égalité*, *fraternité*, il *Manifesto* per eccellenza; il regime parlamentare.

Tutto ciò, perfino quando ha prodotto contrasti laceranti, ha creato *frames* comuni, comuni basi concettuali, cui magari cercare di ribellarsi, ma accomunanti, e ha cementato l'unità

14

profonda e specifica di popoli che né confini di Stati né diversità di suoni e grammatiche delle differenti lingue riescono a compromettere.

Alcuni di questi fenomeni che hanno caratterizzato l'Europa rispetto ad altre aree sono essi stessi fatti linguistici: la comunanza dei due alfabeti derivati dal greco per fissare in forma scritta i testi di lingue disparate; l'adozione del latino, da parte dei ceti colti, per circa dodici secoli come unica grande lingua comune del pensiero, delle scienze, della medicina, del diritto da un capo all'altro dell'Europa, da Uppsala a Palermo, da Madrid a Mosca.

Altri fenomeni, in sé non linguistici, si sono tradotti in politiche linguistiche talora esplicite, più spesso implicite e preterintenzionali. Politiche all'apparenza contraddittorie tra loro e nella loro stessa sfera d'influenza hanno portato al costituirsi di quella Europa multilingue, diversa eppure una, che sta sotto i nostri occhi. Ecco qualche esempio. Il riferimento comune al diritto romano è stato la base per elaborare da una parte lo *ius naturale,* dall'altra i diversi diritti codificati nelle varie nazioni, tra i quali ha gettato un ponte terminologico e concettuale. L'adozione di uno stesso alfabeto per lingue differenti ha facilitato la percezione della loro diversità, ma nello stesso tempo ha agevolato scambi e trasferimenti di parole da una lingua all'altra. L'adozione del latino come lingua dell'alta cultura non ha cancellato l'eredità greca, ma ne è stata il tramite: vivono nelle nostre lingue i vocaboli greci che furono adottati dal latino nelle sue diverse fasi e vivono – si noti – con pronunzie che riflettono non la pronunzia greca classica e tanto meno bizantina o neogreca, ma la pronunzia del latino tardo e medievale (non diciamo né *oiconomìa* né *iconomìa,* ma *economìa*). Le monarchie nazionali con le loro burocrazie hanno teso a cancellare differenze linguistiche all'interno di ciascuna area di diretta pertinenza, dando a ogni singola lingua prescelta come nazionale una saldezza, una stabilità, una diffusione nelle diverse regioni e classi sociali, e una fisionomia autonoma impensabili prima e altrove. La funzione linguistica delle monarchie nazionali è stata affiancata o perfino sostituita dalle Chiese riformate. Le traduzioni della Bibbia (la Bibbia tedesca di Lutero, 1522-34; la Bibbia svedese di Gustav Vasa, 1541-42; la Bibbia di re Giacomo, *King James Version*, 1611; la *Statenvertaling* nederlandese del 1637), le traduzioni della liturgia e delle orazioni nelle lingue volgari, tedesco, inglese, nederlandese, danese, svedese, e il connesso principio della lettura diretta e personale dei testi, senza mediazione da parte del clero, con la conseguente spinta immediata a partire dal 1525 all'istruzione elementare obbligatoria e gratuita "per salvare le anime dal demonio" (questa la formula usata un secolo dopo dai Padri Pellegrini appena giunti su suolo americano per giustificare l'istruzione pubblica obbligatoria) hanno creato salde tradizioni linguistiche unitarie in intere popolazioni, anche là dove, come in Germania, esistevano Stati diversi.

La mediazione del clero persistette invece nella Chiesa cattolica, che ha conservato la liturgia in latino fino al Concilio Vaticano II (1962-65). Il latino anche dopo è restato la lingua del *Missale Romanum*, unico prototipo delle traduzioni e spesso veri adattamenti alle diverse lingue e tradizioni nazionali, e la lingua dei documenti ufficiali della Chiesa romana e dello Stato del Vaticano. E comunque la funzione linguistica del cattolicesimo romano non si è limitata a custodire l'uso del latino. Nella storia linguistica italiana ed europea la Chiesa ha agito anche in altro modo. Dal Rinascimento in poi lo Stato Pontificio visse una contraddizione: rappresentò un ostacolo oggettivo ai progetti e ai tentativi di unificazione politica della Penisola, opponendovisi attivamente nell'Ottocento e continuando a combattere il nuovo Stato unitario fino all'età fascista. Paradossalmente, però, fra tutti gli Stati e Staterelli italiani preunitari lo Stato Pontificio fu l'unico ad avere una classe dirigente panitaliana: cardinali e alto clero, con le loro "famiglie", venivano a stabilirsi a Roma arrivando da tutte le regioni italiane (raramente da altri paesi europei). E nelle condizioni linguistiche che l'Italia ha vissuto fino a decenni recenti ciò significava che arrivavano a Roma sapendo usare l'italiano nello scrivere, ma non nel parlare, perché nella comunicazione parlata sapevano usare soltanto il proprio dialetto. Una volta a Roma, nella corte papale, negli uffici e nei momenti decisivi del conclave, cardinali, alto clero e naturalmente gli stessi pontefici furono costretti, per potersi intendere, a mettere da parte i loro dialetti e a utilizzare l'italiano anche nel parlato. Il loro esempio finì per incidere sull'uso linguistico dell'intera città: a Roma si cominciò a parlare in italiano quando ancora il resto del paese era dialettofono.

Se il latino conservò il ruolo di lingua liturgica e ufficiale, l'italiano diventò la vera lingua della Chiesa. Questo ha certamente sostenuto la diffusione della conoscenza dell'italiano nel mondo, non meno del melodramma, e in Italia ha precorso l'uso diffuso dell'italiano anche nella comunicazione parlata. Anche un'istituzione universale, che a lungo, tradendo le origini evangeliche, non è stata favorevole a riconoscere il peso degli Stati e delle lingue nazionali, nell'intrico della storia si è trovata a rafforzare nei secoli l'esistenza di una delle grandi lingue nazionali, appunto l'italiano, la cui tradizione ha fatto da riferimento al costituirsi dell'unità nazionale e politica dell'Italia moderna.

Una volta un umorista pensoso, Ennio

Flaiano, ha scritto che in Italia "la linea più breve tra due punti non è una retta, ma un arabesco". Ma forse questo vale per l'intera storia europea, quantomeno per la sua storia linguistica.

3
Inventario geopolitico delle lingue d'Europa

Una d'arme, di lingua
e d'altare, di memorie,
di sangue e di cor

Alessandro Manzoni
Marzo 1821

Dunque il multilinguismo, la pluralità di lingue nazionali che caratterizza l'Europa è frutto della sua intera storia. Nel conto complessivo del multilinguismo vanno certamente inclusi anche i dialetti e le varianti regionali delle lingue nazionali. Il loro numero non è facile da calcolare, anche per la difficoltà di porre confini sicuri tra un dialetto e l'altro. Ma, come osservava Albert Dauzat nella sua *Géographie linguistique* (1922), sotto questo aspetto l'Europa non differisce da altre aree del mondo, come quella bantu o indiana, similmente *morcelées* di parlate dialettali diverse. La specificità europea emerge però netta, inoppugnabile, se si guarda alle lingue ufficiali degli Stati e a quelle altre lingue dette *lesser used* o *moins répandues*, o di minoranza, come il bretone o il corso in Francia, il ladino o il neogreco in Italia, alle quali nel corso del Novecento è stato riconosciuto il rango di lingue ufficiali, dette *co-ufficiali* in burolingua, nell'area regionale in cui sono parlate.

In Italia, ad esempio, a parte l'italiano nelle sue varianti e sfumature, a parte le tredici o quattordici lingue di minoranza non italoromanze (provenzale, tedesco, ladino, friulano, sloveno ecc.), riconosciute (cinquant'anni dopo la *Costituzione*!) dalla legge di tutela 482 del 1999 e dalla legge per gli sloveni, esistono almeno una quindicina di grandi raggruppamenti dialettali: piemontese, lombardo, veneto-giuliano, ligure, emiliano-romagnolo, marchigiano, umbro-aretino-chianaiolo, abruzzese-molisano, romanesco, napoletano, pugliese, salentino, lucano, calabrese, siciliano. I trattini che si adoperano qua e là nelle denominazioni rendono evidente, in forma schematica, quel che i locutori dialettali sanno benissimo: entro uno stesso raggruppamento fatto dai linguisti esistono nella realtà del parlare differenze spesso assai profonde, che possono bloccare la intercomprensione, come avviene tra chi parla uno stretto dialetto lombardo valtellinese e chi lombardo bergamasco, tra chi parla calabrese settentrionale e chi meridionale, chi romanesco di città e chi artenese o ciociaro. Le realtà dialettali ancora ben vive in Europa sono centinaia.

L'idea del *continuum* spontaneo delle molteplici reali parlate native, tratta dalle amate dialettologia e filologia romanza e dialettologia e filologia germanica, fu prepotentemente fatta valere da Saussure nel suo III corso di lezioni di linguistica generale. Qui tuttavia non si nasconde che ai fluttuanti e molteplici confini degli idiomi nativi e parlati si sovrappongono i risultati della convergenza politico-scolastica e letteraria verso i più o meno grandi idiomi scritti consacrati dagli usi ufficiali, amministrativi, pubblici, religiosi, letterari.

Ma anche se dalla realtà dei dialetti spostiamo l'attenzione ai soli idiomi scritti dotati di ufficialità, l'Europa si presenta con una fisionomia eccezionale nel pianeta. Risulta infatti che i circa 740 milioni di persone degli odierni cinquanta Stati dell'Europa dall'Atlantico agli Urali (compresi Città del Vaticano, Gibilterra e Principato di Monaco, escluse le repubbliche caucasiche e centroasiatiche nate dall'ex Unione Sovietica) usano 62 lingue ufficiali. Di queste, 50 hanno lo status di lingue naziona-li ufficiali, altre di lingue *lesser used* o *moins répandues* o di minoranza, riconosciute come co-ufficiali. A proposito di queste ultime, men-tre le direttive dell'Unione Europea tendono a massimizzarne il numero e a raccomandarne la tutela, nei singoli Stati l'attuazione procede a rilento e con difficoltà. Qui di seguito ricor-deremo non quelle linguisticamente effettive o ricordate solo in documenti dell'Unione, assai numerose, ma solamente quelle oggetto di una specifica normativa all'interno di ciascuno Sta-to. Lentezze e incertezze di norme statali attua-tive fanno escludere, per esempio, la menzione delle parlate delle comunità zingare, presenti in Europa dal tardo Medioevo.

Comunque, anche una carta dell'Europa lin-guistica limitata alle sole lingue ufficiali e scrit-te si presenta *morcelé*, ed è tale in misura assai maggiore che in ogni altro continente e area del pianeta. Soltanto il subcontinente indiano (dove però vive ormai oltre un miliardo di persone) si avvicina a questa varietà e ricchezza: vi si riconoscono una lingua nazionale, il sanscrito, una lingua nazionale ufficiale, la *hindi*, "gemellata" con l'inglese (ufficialmente in via "transitoria", ma la transizione dura da oltre mezzo secolo!), altre 20 lingue ufficiali, 415 dialetti.

Tra le lingue ufficiali europee molte sono lingue transnazionali, ossia presenti come native in diversi paesi europei: di queste, alcune hanno minore peso demografico (albanese, svedese, nederlandese o sloveno), altre maggior peso (francese, greco, italiano, inglese, tedesco, russo). Alcune sono grandi lingue "transglottiche" e "transcontinentali", hanno cioè un largo, antico e ufficiale insediamento extraeuropeo come lingue native o lingue seconde entro Stati in cui si parla un'altra lingua nativa: il francese, l'inglese, il portoghese, lo spagnolo, il russo.

Le lingue ufficiali europee nell'elenco seguente appaiono ordinate per paesi. Il nome del paese è dato in italiano ed è seguito tra parentesi dal nome ufficiale del paese nella lingua dello Stato. Tra parentesi quadre sono indicate le lingue riconosciute ufficialmente come minoritarie all'interno di uno Stato, in grassetto figurano le lingue là dove è la sede nativa principale e/o originaria, in corsivo le lingue che figurano anche in altri paesi oltre la loro sede principale.

Albania (Republika e Shqipërisë): **tosco** o **albanese**

Andorra (Principat d'Andorra): *catalano, francese, spagnolo*

Austria (Republik Österreich): *tedesco* [*sloveno*]

Belgio (in francese Royaume de Belgique, in nederlandese Koninkrijk België): *francese, nederlandese* o *fiammingo* [*tedesco*]

Bielorussia (Беларусь): **bielorusso**, *russo*

Bosnia-Erzegovina (in croato bosniaco Bosna i Hercegovina, in serbo Босна и Херцеговина): *serbocroato*

Bulgaria (България, Bălgarija): **bulgaro** [*arumeno, greco, macedone, romeno, turco*]

Cipro (in greco Κύπρος, in turco *Kıbrıs*): *greco* e *turco*

Città del Vaticano (Status Civitatis Vaticanae): **latino**, *italiano*

Croazia (Republika Hrvatska): **croato**

Danimarca (Kongeriget Danmark): **danese** [*tedesco*]

Estonia (Eesti Vabariik): **estone**, *russo*

Fær Øer (in faroese Føroyar, in danese Færøerne): *danese*, **faroese** o **faeroico**

Finlandia (Suomen tasavalta): **finnico** [*svedese*, **lappone** o **sami**, *russo*]

Francia (République française): **francese** [*basco*, **bretone**, *catalano*, **corso**, **occitano**, *tedesco*]

Germania (Bundesrepublik Deutschland): **tedesco**, *danese*

Gibilterra (Gibraltar): *inglese*

Grecia (Ελληνική Δημοκρατία): **greco**

Irlanda (in gaelico Poblacht na hÉireann, in inglese Republic of Ireland): **gaelico irlandese**, *inglese*

Islanda (Ísland): **islandese**

Italia (Repubblica italiana): **italiano** [*occitanico*, *francese*, **francoprovenzale**, *tedesco*, *sloveno*, **ladino**, **friulano**, *serbocroato*, *tosco* o *albanese*, *neogreco*, *catalano*, **sardo**]

Jugoslavia: vedi Bosnia Erzegovina, Croazia, Macedonia, Montenegro, Serbia, Slovenia

Lettonia (Latvijas Republika): **lèttone**, *russo* (il 40% della popolazione parla russo, ma il

18 febbraio 2012 un referendum ha negato al russo lo status di seconda lingua ufficiale)

Liechtenstein (in tedesco *Hochdeutsch* Fürstentum Liechtenstein, in dialetto tedesco alemanno Förschtatum Liachtaschta): *tedesco*

Lituania (Lietuvos Respublika): **lituano**

Lussemburgo (in francese Grand-Duché de Luxembourg, in tedesco Großherzogtum Luxemburg, in lussemburghese Groussherzogtum Lëtzebuerg): **lussemburghese**, *francese*, *tedesco*

Macedonia (Република Македонија, Republika Makedonija): **macedone** [*albanese*, **arumeno**, *bulgaro*, **meglenorumeno**, *romanì*, *serbo*, *turco*]

Malta (in malti Repubblika ta' Malta, in inglese Republic of Malta): **malti**, *inglese*

Moldavia (Republica Moldova): **(rumeno) moldavo**

Monaco (in francese Principauté de Monaco, in monegasco Principatu de Múnegu): *francese*, **monegasco** (ufficiale fino al 1962)

Montenegro (Crna Gora, Црна Гора): **montenegrino**, già **serbo montenegrino** [***albanese***, *bosniaco*, ***croato***, ***serbo***]

Norvegia (in bokmål Kongeriket Norge, in nynorsk Kongeriket Noreg): **bokmål, nynorsk**

Paesi Bassi (Nederland): **nederlandese** o **olandese** [**frisone**]

Polonia (Rzeczpospolita Polska): **polacco** [*bielorusso, tedesco, ucraino*]

Portogallo (in portoghese Portugal, in mirandese Portual): **portoghese** [**mirandese**]

Regno Unito (United Kingdom of Great Britain and Northern Ireland): **inglese** [**gaelico, scozzese**]

Repubblica Ceca (Česká republika): **ceco** [*polacco, romeno, russo, slovacco, tedesco, ungherese*]

Romania (România): **romeno**

Russia (Российская Федерация): **russo**

San Marino: *italiano*

Serbia (Република Србија): **serbo**

Slovacchia (Slovenská republika): **slovacco** [*ungherese, ceco*]

Slovenia (Republika Slovenija): **sloveno** [*italiano, ungherese*]

Spagna (Reino de España): **spagnolo** o **castigliano** [**aranese, basco, catalano, gallego, valenciano**]

31

Svezia (Konungariket Sverige): **svedese** [*finlandese*, **sami**]

Svizzera (in latino Confoederatio Helvetica): *francese, italiano,* **romancio**, *tedesco*

Turchia (Türkiye Cumhuriyeti): **turco** [*armeno*, **curdo**, *greco*]

Ucraina (Україна): **ucraino** [*russo, tataro*]

Ungheria (Magyarország): **ungherese**

4
Cronologia comparata delle lingue d'Europa

Sia che fossero stranieri e giungessero
in Europa allora per la prima volta,
sia che ne fossero nativi e vi ritornassero,
gli uomini recarono con sé una lingua triforme.

Dante Alighieri
De vulgari eloquentia

La complessità della situazione linguistica europea si rivela anche dal punto di vista della storia documentata delle lingue. Chi le parla eredita la consapevolezza della loro rilevanza nella storia dei singoli popoli. Ed è, in generale, una rilevanza già antica. Qui di seguito riproponiamo l'elencazione geopolitica del capitolo precedente in un'altra prospettiva: quella della data approssimativa, per secolo, in cui è apparsa per la prima volta documentazione scritta delle singole lingue. Questo non significa sottovalutare l'uso orale delle lingue, che ha certamente una sua priorità teorica e storica; tuttavia, il passaggio di una lingua all'uso scritto consolida nel tempo la sua continuità e individualità storica. Ecco dunque un inventario cronologico delle prime attestazioni.

II millennio a.C.: greco miceneo

IX-VIII secolo: greco omerico e dialetti del greco arcaico e classico

VI secolo: latino arcaico

IV secolo: greco comune (*koinè diálektos*)

I secolo: latino classico ("aureo")

IV secolo d.C.: irlandese ogamico

V secolo: armeno

VII secolo: gaelico o irlandese antico

VIII secolo: bretone, turco preislamico

IX secolo: bulgaro antico, francese antico, inglese antico, svedese

X secolo: islandese antico, italiano dialettale antico, russo, sloveno antico

XI secolo: danese antico, portoghese, sardo, serbo con alfabeto cirillico, croato con alfabeto glagolitico e poi latino, turco islamico, ucraino o ruteno

XII secolo: catalano, gallego-portoghese, italiano toscano, nederlandese o fiammingo o olandese antico, provenzale (occitanico), spagnolo o castigliano antico

XIII secolo: bielorusso, ceco, gallego, polacco, scozzese, turco ottomano, ungherese o magiaro

XIV secolo: friulano, inglese moderno, malti

XV secolo: albanese, corso, tedesco *Hochdeutsch* moderno

XVI secolo: basco, danese moderno, estone, finlandese, francese moderno, lappone, lettone, lituano, nederlandese moderno, romeno, slovacco

XVII secolo: islandese moderno

XVIII secolo: sloveno moderno

XIX secolo: bulgaro moderno, curdo, faeroico, francoprovenzale, frisone, gallego moderno, ladino o romancio, lussemburghese, macedone, moldavo, monegasco, norvegese *riksmål* o *bokmål* e norvegese *landsmål* o *nynorsk*, turco moderno

Un testo importante anche per altri aspetti, il *De vulgari eloquentia* di Dante, fornisce una descrizione dell'Europa linguistica tripartita fra lingue germanico-slave, latino e greco. Queste tre aree costituiscono quella che comunemente veniva chiamata la *tertia pars mundi* (la terza parte del mondo). Questa definizione geografica, ma anche geoantropica, dell'Europa culturale ha poco a che fare con le partizioni e le contrapposizioni dell'Europa politica.

Con il XVI secolo l'Europa delle attuali lingue ufficiali è già sostanzialmente costituita. I secoli seguenti hanno visto qualche nuovo affioramento all'uso scritto, il crescente consolidamento delle lingue entro i rispettivi Stati, il loro passaggio dalle fasi più antiche a quelle moderne. Di queste tradizioni le diverse culture nazionali sono consapevoli. E la consapevolezza di "raccogliersi" nell'uso di una lingua spesso non è rimasto un fatto meramente locale o letterario. Abbiamo già accennato al caso italiano. Il principio delle monarchie nazionali europee del Rinascimento "uno Stato-una nazione-una lingua" è stato fatto valere anche al contrario. Dove c'era una lingua e i parlanti ne avvertivano la specificità si è operato perché attorno ad essa si creasse una nazione e nascesse uno Stato indipendente. Così, ad esempio, nell'Ottocento la lingua fu "il vessillo dei popoli soggetti", scriveva un poeta fiammingo.

Il caso dell'Italia si è verificato anche altrove, dalla Germania a molti paesi dell'Est europeo. In un modo o nell'altro, il fattore lingua è stato in genere costitutivo delle identità nazionali e, quindi, degli Stati nazionali.

Nella elencazione geopolitica (cfr. cap. 3) e in quella cronologica, sono restati fuori alcuni elementi di complessità. Come già ricordato, mancano le parlate zingare, che si tarda a riconoscere come lingue minoritarie da tutelare. Altre parlate locali si possono aggiungere e andranno aggiunte alle elencazioni sopra citate, a mano a mano che principi e direttive dell'Unione si tradurranno in norme di legge dei singoli Stati.

Nuovi problemi, tuttavia, si profilano all'orizzonte. Le grandi ondate migratorie degli ultimi trent'anni hanno creato consistenti comunità non transitorie in diversi paesi europei: arabofoni in Francia, turchi in Germania, romeni in Italia, cinesi e Chinatown a Londra e Manchester, Parigi, Berlino, Prato (qui c'è la comunità cinese percentualmente maggiore in rapporto alla popolazione). Dovrà valere, potrà valere anche per loro il principio della tutela linguistica delle minoranze?

Ma non basta. La Spagna ha generosamente elevato al rango di lingue da tutelare alcune parlate fino a ieri ritenute dialetti, come l'aranese. L'esempio sarà seguito? In Italia c'è chi lo chiede per le parlate piemontesi e venete. E sempre nel nostro paese altre parlate dialettali hanno una base demografica e un prestigio letterario e sociale non minore, dal romagnolo, al romanesco, al napoletano, al siciliano. Lingue da tutelare anch'esse? Oppure per queste andrà seguito l'esempio della pragmatica Svizzera? Qui lo *schwyzerdütsch*, un dialetto alemanno della Svizzera tedesca, è abitualmente parlato persino nelle lezioni, nelle aule universitarie e nei laboratori scientifici accanto al tedesco *Hochdeutsch* standard, da cui si discosta notevolmente, senza che se ne chieda lo status di lingua minoritaria da tutelare.

5

Plurilinguismo genetico

Qual è la miglior lingua?
Leggo Shakespeare, e dico è l'inglese;
leggo Virgilio, e dico è il latino;
leggo Dante, e dico è l'italiano;
leggo Richter, e dico è il tedesco;
leggo Porta, e dico è il milanese

Carlo Dossi
Note azzurre

Oggi i termini *multilinguismo* e *plurilinguismo* non vengono più usati come sinonimi. Con *multilinguismo* si indica la coesistenza di più lingue in uno stesso ambito sociale, culturale, statuale; con *plurilinguismo* la capacità soggettiva di usare più lingue, nel senso più ampio e tecnico del termine: ovvero lingue scritte, letterarie e/o ufficiali di uno Stato, ma anche lingue non scritte, prive di ufficialità, che spesso chiamiamo *dialetti*. La portata di entrambi i fenomeni nel mondo d'oggi e in Europa è in parte occultata da pregiudizi e da mancata osservazione dei fatti.

Fin da tempi remoti, in varie culture si è avuta la consapevolezza dell'esistenza di una pluralità di lingue e tale consapevolezza si è accompagnata a valutazioni anch'esse diverse fin dalle origini a noi note. Nella narrazione biblica della Torre di Babele, ad esempio, la pluralità linguistica assume il carattere di una punizione celeste, di una vera e propria maledizione. Viceversa, nell'ancor più antico inno egiziano al Sole, l'*Inno ad Aton* (metà del XIV secolo a.C.), appare come una benedizione, come un segno della potenza e gloria divina: «A ciascuno il suo, tutti hanno i giorni contati. Parlano diverse lingue e non uguali sono la loro forma e colore. Ecco, tu gli uomini li crei differenti».

Questa connotazione positiva e sacrale della diversità linguistica si ripropone con la narrazione della Pentecoste negli *Actus Apostolorum*. I laici e non credenti farebbero male a sottovalutare questo ribaltamento evangelico della tradizione biblica anteriore. La Pentecoste, il divino *donum linguarum*, ha ispirato momenti importanti della storia delle tradizioni cristiane ed è stato all'origine di traduzioni delle *Scritture* che, a loro volta, sono alla radice di molte attuali tradizioni linguistiche consolidate e di una parte cospicua dell'uso scritto proprio di circa 2500 lingue tra le settemila oggi esistenti nel pianeta. In Europa e nel mondo lo spirito della Pentecoste ha nutrito un'attenzione costante da parte delle confessioni cristiane per le diversità linguistiche concretizzandosi nel loro rispetto e sostegno, anche là dove le vicende politiche spingevano nell'opposta direzione della disattenzione, dello spregio, dell'aperto rifiuto – talora persecutorio fino all'etnocidio – delle lingue diverse e dei loro parlanti.

Anche il quadro delle riflessioni filosofiche e teoriche e delle ricerche linguistiche scientificamente fondate è venato di contrasti. Certamente, nessuno nega la realtà della molteplicità linguistica, delle settemila lingue diverse attualmente censite nel mondo. Tuttavia, dalle antiche filosofie greche alla linguistica moderna, il variare degli atteggiamenti di fondo si è tradotto nel ruolo diverso che viene assegnato all'evidenza della molteplicità linguistica. Vi sono state, nel mondo greco e romano come nella linguistica moderna, elaborazioni teoriche che, pur senza negare questa evidenza, si sono orientate ad individuare ciò che di *universalmente* umano soggiace alla molteplicità linguistica. Che, in qualche modo, è stata lasciata in ombra perfino nella linguistica moderna: disse ironicamente un grande linguista francese del Novecento, André Martinet, che per alcuni linguisti la diversità e la molteplicità delle lingue rappresentano un fastidioso incidente, un malanno professionale. Altri invece, già nel mondo antico e medievale e poi, con rinnovata capacità di apporti teorici e descrittivi, nel mondo moderno, hanno visto nella molteplicità di lingue in cui si proietta la umana *faculté du langage* un dato primario per la comprensione teorica e storico-antropologica della realtà linguistica.

Oggi, pur con differenti accentuazioni, la teoria del linguaggio riconosce che l'innovatività permanente percorre l'intera realtà linguistica. Stanti le imprevedibili esigenze adattive e creative che caratterizzano la specie umana, le lingue appaiono fatte per consentirla. Le lingue possono e devono cambiare. L'innovatività permanente è una necessità vitale nel loro funzionamento. Come già intuì Dante, che nella *Commedia* affida solennemente a padre Adamo di esprimere questa idea, l'innovatività permanente è per tutte le lingue la matrice del loro perpetuo differenziarsi nel tempo e nello spazio. La diversità e molteplicità delle lingue non appartiene dunque alla patologia, ma alla fisiologia del linguaggio.

Patrimoni lessicali differenziati e differenziabili nel tempo e nello spazio sia geografico sia sociale, grammaticalità, riflessività metalinguistica, adattabilità parafunzionale degli enunziati ai più vari contesti, sono i grandi strumenti che ogni lingua offre ai suoi locutori per consentire loro di innovare e di assorbire le innovazioni. In questa prospettiva, che in età moderna è stata elaborata da una linea di pensiero che va da Humboldt a Saussure e a Wittgenstein, e che da ultimo sembra aver conquistato persino Noam Chomsky, il più tenace assertore contemporaneo degli aspetti universali delle lingue, un idioma è la sedimentazione del convergere di un particolare gruppo umano che nell'atto stesso diverge e si differenzia da altri: un convergere e divergere spazialmente particolari, temporalmente contingenti, dialetticamente fusi in equilibri sempre precari all'interno di una stessa comunità di locutori. Ovviamente, parliamo di una contingenza e precarietà da misurarsi sulla lunga durata, anche di secoli. Ciò non toglie, tuttavia, che ciascuna lingua abbia in se stessa il seme della differenza.

Scuola, politica, esigenze di economia hanno pesato e ancora pesano spesso nell'ottundere la percezione di questa variabilità continua e incessante e a lungo hanno operato per stabilizzare esclusivamente alcuni tra i molti pullulanti idiomi reali: soltanto lingue di tradizione scritta fissate, per il possibile, secondo canoni normativi restrittivi.

Da millenni accade che queste forze operino perché in ciascun paese ed epoca si assuma una sola varietà di una lingua tra le altre come *la* lingua e la si consacri *nel* e *con* l'uso scritto, relativamente più stabile e durevole. Ancora oggi in India un piccolo numero parla il sanscrito come lingua nativa, molti milioni lo apprendono a scuola, lo scrivono, leggono e possono parlare tra loro nelle forme artefatte che assunse nel IV secolo avanti Cristo. Quello del sanscrito non è un caso isolato. Solo da pochi anni la Chiesa di Roma ha abbandonato l'uso liturgico, ma non quello ufficiale, del latino nelle forme orali e scritte che questa lingua assunse intorno al IV secolo dopo Cristo. Sanscrito e latino ecclesiale sono casi estremi di quel sovrapporsi stabile degli usi scritti alla incessante variabilità delle parlate, casi estremi di quella garanzia di convergenza, incurante o poco curante delle variazioni del parlato, che le lingue scritte offrono a chi le usa attraverso il tempo e lo spazio.

Nessun aspetto di questa incessante dialettica tra conservatività e innovazione, tra diversificazione e convergenza va trascurato e neppure va mitizzato o demonizzato. Ai lodatori estremisti dell'uso parlato come unica realtà cui guardare occorre ricordare che il loro progenitore, il sommo Platone, nel *Fedro* ha affidato ad alcune pagine scritte, tra le più alte della *Weltliteratur* (in ciò vi fu certo una buona componente di impassibile ironia), il suo elogio dei *lógoi ágraphoi*, i discorsi parlati. E a chi crede di poter chiudere le porte alle innovazioni nel parlato si potrà ricordare che a queste, alle "parole che sono sulla bocca di tutti", hanno guardato i grandi creatori e prosecutori delle tradizioni letterarie, da Dante a Leopardi e Manzoni o a Montale e Gadda

per tenerci in un ambito solo italiano, ai traduttori dei testi biblici ed evangelici se appena
vogliamo ampliare l'orizzonte. E comunque,
per ogni lingua scritta che venga usata isolan-
dola dal fluire del parlato viene il tempo del
crollo repentino, come di crosta glaciale che
si dissolva nell'impeto delle correnti vive. Ma,
di nuovo, lo spettacolo della storia delle lingue
non deve farci dimenticare quanto, pur moren-
do, una tradizione linguistica scritta sa e può
dare ad altre; bastino alcuni esempi: il cinese
scritto all'affrancantesi giapponese; il sanscrito
alle lingue dell'India medievale e moderna e,
attraverso la colonizzazione religiosa buddhi-
sta, ad alcune lingue dell'Estremo Oriente; il
patrimonio scritto greco e latino classico alle
lingue dell'Europa moderna; l'arabo classico
al persiano medievale, al turco e, attraverso il
latino medievale, a parlate dialettali e lingue
dell'Europa moderna e dell'Occidente.

L'Europa, come abbiamo visto, presenta
un quadro eccezionale, sia in senso geografico
sia in senso storico. Il diritto romano definiva
la *iusta possessio* con tre requisiti: *nec vi, nec
clam, nec precario*. Se ci addentriamo nel tor-

mentato, complesso intrico delle vicende storiche dei paesi europei possiamo e dobbiamo dire che in questa storia, nella storia d'Europa, anche se talora negletto proprio dagli storici (specie francesi e italiani), il multilinguismo è un tratto costitutivo, una *iusta possessio* di beni nativi quali sono le lingue acquisite senza violenza (*nec vi*), in modo palese, consapevole, conclamato (*nec clam*), e possedute da cinque, otto, dieci secoli (*nec precario*). Delle lingue ufficiali, la maggior parte vive oggi in continuità con una tradizione ricca e plurisecolare di uso pubblico, civile e religioso, letterario. Questa continuità è fortissima nel caso del latino, del greco e del basco, tre casi per più aspetti eccezionali: il latino, oggi lingua ufficiale della Chiesa, continua la latinità medievale e moderna delle classi colte europee e, attraverso questa, rimonta alla lingua di Roma antica, documentata con continuità dal VI sec. a.C.; il neogreco afferma la sua continuità con la lingua della Grecia antica, ellenistica e bizantina, e risale dunque a documenti protostorici e ai poemi d'Omero; il basco, anche se non c'è adeguata documentazione scritta

antica, è certo un continuatore delle lingue
degli antichi Iberici e, in Europa, rappresenta
l'unica sopravvivenza delle lingue preesistenti
alla latinizzazione e all'indoeuropeizzazione
del continente. Ma anche per la maggioran-
za delle altre lingue la documentazione scritta
continua risale ai secoli del Medioevo e al Rinascimento: quasi una ventina di lingue pre-
sentano attestazioni anteriori o coeve all'XI
secolo; altrettante sono quelle che, di più tarda
attestazione, sono comunque anteriori o coeve
al Cinquecento. Per quattro quinti l'Europa
linguistica attuale, voglio dire l'Europa delle
lingue scritte ufficiali o riconosciute, era già
costituita nel Rinascimento.

Il multilinguismo, dunque, non è né un pro-
gramma né un'utopia, è un tratto distintivo
oggettivo della realtà geopolitica europea, un
tratto che esiste da secoli e che occorre avere
sempre ben presente. E ancora: il multiforme
coro delle lingue d'Europa non è solo un tratto
geopolitico, è un tratto storico-politico. Ad esso, alle distinte tradizioni che lo compongono,
si sono infatti intrecciate in modo profondo e
decisivo la genesi e la vita di compagini nazio-

nali e di Stati grandi e piccoli, dalla Spagna e Portogallo alla Germania, all'Austria, alla Svizzera, alla Grecia, alla Danimarca, all'Ungheria, alla Slovenia, alla Croazia, alla Repubblica Ceca, alla Romania. L'aspirazione all'unità nazionale, statale, intorno all'italiano non è stata forse un filo conduttore della storia d'Italia?

6
Minimo comune multiplo

Sarebbe opera degna di questo secolo,
ed utilissima alle lingue non meno che alla filosofia,
un Vocabolario universale Europeo
che comprendesse quelle parole significanti
precisamente un'idea chiara, sottile, e precisa,
che sono comuni a tutte o alla maggior parte
delle moderne lingue colte

Giacomo Leopardi
Zibaldone

Le lingue e i dialetti europei appartengono, per la gran parte, a sottogruppi diversi della famiglia linguistica indoeuropea. Soltanto poche lingue non ne fanno parte, come il finlandese e l'ungherese (lingue ugrofinniche), il turco, il basco (lingua isolata senza parenti prossimi) e il malti (lingua originariamente semitica ma profondamente italianizzata). Per tutte le altre pur nella loro grande diversità domina l'affinità genetica.

Proviamo ora a osservare la situazione linguistica europea da lontano, per esempio dal continente americano e attraverso lo studio di quelle lingue che gli europei, convinti di essere cristianizzatori, colonizzatori ed esportatori di valori umani, hanno lasciato sopravvivere solo in piccola parte. Esiste, infatti, ancora qualche indigeno d'America che parla la propria lingua.

Inoltre, per la fortuna dei linguisti, i missionari, costretti ad apprendere le lingue locali per poter comunicare con gli indigeni, andarono depositando a Roma un compendio di grammatiche e dizionari manoscritti realizzati tra Sei e Settecento per evangelizzare queste popolazioni. Questo ha consentito una certa conoscenza delle lingue amerindiane.

Un grande studioso americano di queste lingue, Benjamin Lee Whorf, paragonando il complesso delle lingue europee a quelle amerindiane, ha introdotto l'espressione *standard average European* (standard medio europeo), spesso abbreviato con la sigla SAE. Whorf ha esaminato soprattutto le grandi strutture, le parti del discorso, la distinzione tra nome, verbo, aggettivo e particella, che nella tradizione grammaticale (dai tempi di Aristotele) riconosciamo come grande realtà basilare delle lingue indoeuropee d'Europa. Questi e altri elementi sintattici, in parte genetici, costituiscono un fattore di unità. Grazie a questi elementi, passando da una ad altra lingua d'Europa non restiamo disorientati come dinanzi a lingue – dalle amerindiane al cinese – di cui non riusciamo a distinguere il nome dal verbo e dall'aggettivo.

Sussiste, quindi, una qualche originaria prossimità delle grandi strutture grammaticali e sintattiche delle lingue europee, che costituisce un primo elemento di unità. Se si va più a fondo, si osserva che alcune di queste similarità si sono create nella storia delle lingue attraverso i contatti tra di esse. Nell'italiano, per esempio, come pure in altre lingue europee, si trovano le proposizioni oggettive (*Ti dico che Paolo è venuto*) introdotte da *che* e seguite da un verbo di modo finito. Questa struttura era inizialmente ignota alle lingue indoeuropee che, come il latino, esprimevano le proposizioni oggettive con il verbo all'infinito e il soggetto in accusativo (*Dico Paulum venisse*). Il costrutto con il *che* è diventato tipico di tutte le lingue europee, ed è nato nel greco antico, che poteva esprimere le proposizioni oggettive con il pronome neutro *hóti* e il verbo di modo finito. È trasmigrato da una lingua all'altra perché i traduttori dal greco al latino, in particolare san Girolamo nella sua traduzione della Bibbia, hanno ricalcato la struttura greca creando le proposizioni dipendenti da *quod* col verbo al modo finito e non più con l'accusativo e l'infinito. La traduzione di Girolamo ha fatto da modello alle lingue germaniche, neolatine ecc., e col modello si è andato diffondendo questo costrutto importante e unitario dell'europeo medio standard. Che è dunque costituito in parte da elementi genetici, in parte da acquisizioni storiche stabilizzatesi attraverso il tempo.

Un aspetto significativo di tali acquisizioni riguarda un elemento non meno importante della grammatica e della sintassi nella vita di una lingua, cioè le parole, il lessico. Il linguista francese Antoine Meillet, vissuto tra la seconda metà dell'Ottocento e i primi decenni del Novecento, ha scritto una pagina molto illuminante a proposito del vocabolario, quello della cultura quotidiana ma anche quello intellettuale, sostenendo che "a dispetto dei nazionalismi miopi, in realtà un'analisi spassionata del lessico delle lingue europee dimostra che vi è un fondo comune molto superiore alle differenze". È un fondo che si è creato attraverso la rete di condivisioni cui abbiamo accennato nel capitolo 2.

Già in età remote la civilizzazione mediterranea più avanzata portò lingue indoeuropee diverse quali il latino, il greco e il germanico a convergere verso un patrimonio più antico e ad assumere in forma leggermente differente parole come *rosa* o *balneum* o *vinum* o *asinus*. In piena età storica l'egemonia del greco sul latino, legata all'iniziale superiorità nelle tecniche, nelle scienze, nel sapere in generale, poi il diffondersi del latino nell'impero, l'adozione della codificazione giuridica romana, il propagarsi del cristianesimo con i suoi testi ebraico-greco-latini, l'elezione del latino a lingua delle classi colte di tutta l'Europa medievale e moderna fino al Settecento e oltre, e la circolazione paneuropea di testi giuridici, medici, scientifici, filosofici scritti in latino sono stati tramiti e fattori di una unificazione profonda del lessico e della stessa sintassi delle differenti lingue europee, ciò che spesso sfugge al profano e sfugge anche a storici e intellettuali a digiuno di linguistica.

L'affermazione di Meillet ha un precedente illustre in Giacomo Leopardi, che non solo fu un grande poeta ma anche uno studioso molto attento, un filologo che forse ha sofferto per aver vissuto in Italia e non all'estero, dove avrebbe potuto cogliere gli sviluppi degli studi linguistici scientifici nella Germania e nella Francia di quegli anni. Della nascente linguistica scientifica aveva solo un'idea vaga. Ma era un grande conoscitore delle lingue europee antiche e moderne, del sanscrito e dell'aramaico (una lingua semitica), e in una pagina del suo *Zibaldone* scrive che, se si guardasse al vocabolario della cultura intellettuale, delle scienze e della filosofia, ci si accorgerebbe che esiste una specie di "piccola lingua" che attraversa tutte le lingue europee nella loro diversità, accomunandole. C'è voluto parecchio tempo perché queste considerazioni si trasformassero in studi analitici. In Italia, l'impresa del *Lessico intellettuale europeo* è nata proprio per seguire questa pista attraverso opere varie dedicate a gruppi di parole del vocabolario etico, morale, filosofico, scientifico che accomunano le lingue europee: *idea, coscienza, spirito, mente, materia, forma, senso...*

Questa condivisione si avvantaggia della larga comunanza genetica che abbiamo ricor-

62

dato, ma non coincide con essa. Coinvolge anche le lingue non indoeuropee dell'Europa ed è legata soprattutto alla presenza del latino nelle culture nazionali e linguistiche europee. Anche se non tutti i latinisti lo capiscono, il latino, nella prospettiva linguistica complessiva, deve molto del suo vocabolario e della sua semantica al greco. Dal greco, filtrato attraverso il latino a diversi livelli, anche popolare, vennero al latino molte parole comuni (come *ampulla*, *spatha* o *gubernare*) e molti termini della filosofia, della matematica, della grammatica. E numerosi sono anche i termini che oggi soltanto il filologo, come già qualche autore latino antico attento e consapevole, comprende essere stati rimodellati su parole greche. Lucrezio, ad esempio, afferma di aver faticato nel cercare degli equivalenti per trasportare in latino la morale, la fisica e la scienza di Epicuro nel *De rerum natura*. E Cicerone, che come molti altri romani colti era bilingue (parlava il latino e il greco), preferiva scrivere trattati e orazioni in latino, evitando i grecismi che invece affiorano abbondantemente nelle lettere private. Nei trattati, ricalcando parole greche con materiali latini, Cicerone ha inventato parole come *qualitas*, *quantitas*, *conscientia*, senza le quali avremmo difficoltà ad orientarci nel mondo e in noi stessi. Sono calchi da parole greche, ne hanno assorbito i significati e le hanno rilanciate in forma latina, come quelle appena citate o anche *obiectum* o *substantia, compositio* o *constitutio* (costituzione in tutti i sensi, da quello fisico a quello giuridico).

Un grande studioso tedesco di ermeneutica biblica, Friedrich Schleiermacher, ha sottolineato la capacità plasmatrice del cristianesimo nella storia delle lingue, ossia la capacità di "rimpastare" materiale linguistico ebraico, greco e latino e trasmetterlo in un'altra e nuova prospettiva. Grazie a questa influenza del cristianesimo, il latino è sopravvissuto in Europa ben oltre la caduta dell'impero romano nel 476 d.C. Del resto, quanti parlavano latino sapevano che, attraverso canali diversi (le istituzioni giuridiche, la religione, la cristianizzazione, l'alfabetizzazione elementare), il latino attraeva profondamente a sé le lingue germaniche e, man mano, le altre lingue europee. Inoltre il latino non viveva solo come lingua della cultura intellettuale più teorica: a parlarlo erano medici, farmacisti, avvocati, giuristi, tecnici, scienziati e, naturalmente, le monache, i frati e i preti delle varie confessioni cristiane.

Chi ama contrapporre la cultura umanistica a quella scientifica, dimentica che i grandi testi della cultura scientifica europea sono stati scritti da Cartesio, Newton, Galilei e Leibniz in latino. Il pensiero critico e scientifico dell'Europa moderna si è espresso anzitutto in questa lingua. In molti paesi europei, soprattutto quelli nordici e orientali, dalla Svezia alla Polonia, la persistenza del latino nelle università arriva alle soglie del Novecento, e in qualche caso le supera. C'è una forte presenza di latinismi persino nel russo, lingua apparentemente lontana dall'irraggiamento della latinità. Lo stesso vale per lo svedese e il finlandese, per non dire delle lingue neolatine, in cui il latino si ripropone continuamente nel corso dei secoli. Infine, il caso dell'inglese, che è la più rilatinizzata e rineolatinizzata delle lingue europee. Il 75% del vocabolario inglese è composto da parole prese in prestito o dal francese o direttamente dal latino classico, medievale e moderno, che è dominante anche nell'apparato morfologico, dal momento che suffissi e prefissi per formare nuove parole inglesi sono in larga misura latini. Oggi, poi, di nuovo ci troviamo dinanzi a un arabesco paradossale. L'attuale enorme influenza dell'inglese in tutte le lingue europee porta in esse parole latine o greco-latine rifluenti non dall'Ilisso o dal Tevere, ma dalle rive del Tamigi (o dell'Hudson).

Queste consonanze profonde tra le lingue europee possono far intravedere una soluzione al problema posto all'inizio per l'Unione e, si può sperare, per l'Europa intera? L'adozione di una lingua comune, l'inglese, di largo uso in tutti i paesi e tutti gli strati sociali, proposta dal presidente tedesco Joachim Gauck, significherà l'adozione di un idioma vuoto di spessore culturale e la perdita della ricchezza delle molte lingue? Così teme Jürgen Trabant nel suo *Globalesisch, oder was?*. Così potrebbe non essere se la diffusione dell'inglese non seguirà i canali della Coca Cola o delle speculazioni bancarie, ma sarà il frutto di una crescita culturale.

Una valente sociolinguista nordamericana, Ana Celia Zentella, ci ha spiegato da anni che il nostro cervello non è uno sciacquone in cui, se si versa una nuova lingua, esce la precedente. Come nelle comunità, anche nelle teste dei singoli le lingue convivono – e convivono bene. Più inglese non comporta necessariamente meno altre lingue. Analogie suggeriscono che la convivenza di più lingue nelle teste, nelle coscienze, nelle società, è possibile se lo si vuole e se si costruiscono le competenze necessarie.

Detto altrimenti: la questione di una lingua comune per l'Europa come fattore decisivo per l'esercizio di una comune vita democratica si sposta dal piano esclusivamente linguistico al piano dei suoi presupposti. Vogliamo davvero che alla storia e al presente dell'Europa corrisponda una reale democrazia europea? Se la risposta è sì, bisogna costruire la comunanza di lingua, non come *globalesisch* o inglese aeroportuale, turistico, commerciale, ma come pieno possesso di una lingua ricca di tutto il suo spessore e della capacità di arricchirsi degli apporti di tutte le culture e lingue dell'Europa. E il luogo primario della costruzione non va inventato dal nulla: è la scuola.

Una recente indagine svolta dall'Ocse, l'indagine PIAAC, *Programme for the international assessment of adult competencies*, ha mostrato che per alte percentuali di europei adulti in età di lavoro (16-65 anni), dall'Italia alla Francia, alla Germania, agli stessi paesi del Nord, le competenze di lettura, scrittura, calcolo, possesso della lingua materna sono sotto i livelli minimi necessari a orientarsi nella vita di una società moderna. Questo dato allarmante ci pone, e dovrebbe porre a governi e forze politiche, un problema di democrazia. Un rialzo dei livelli di istruzione si impone come una necessità democratica in tutti i paesi europei. Su questa strada, sulla strada della scuola e della cultura, è possibile costruire quella comunanza di lingua che è condizione fondante di vita della *pólis*, come già ventitré secoli fa insegnava Aristotele. La voglia di democrazia, la voglia di unità politica e la crescita dei non floridi livelli di istruzione sono le condizioni per risolvere la questione linguistica come questione democratica dell'Europa.

7
Una lingua per l'Europa?

Uniti nella diversità

motto dell'Unione Europea

Un linguista francese ha scritto anni fa un libretto di divulgazione, tradotto in Italia col titolo *Storie e destini delle lingue d'Europa,* in cui fa un'analisi delle grandi lingue europee per individuare quella più adatta all'Europa. Le passa in rassegna e una dopo l'altra le abbatte come birilli. Lo spagnolo? Secondo l'autore, lo spagnolo ha giocato la sua carta nel Seicento e ormai è fuori tempo massimo. L'italiano? Ma l'italiano è soltanto "un'increspatura sui dialetti settentrionali italiani". Il tedesco? Magari potrebbe andare, ma non è adatto per l'ombra del nazismo e dei lager che si stende su di esso. Quanto all'inglese non può essere la lingua dell'Europa, perché si tratta di una lingua "bastarda" creata da barbari sassoni ignorantissimi. Resta più niente? Ah, stavamo per dimenticare il francese. Ecco, dice lo studioso, ecco la lingua adatta per l'intera Europa.

Questa teoria e le sue argomentazioni appaiono piuttosto pittoresche, ma il libretto è istruttivo perché mostra che allo sciovinismo in materia di lingua neanche un linguista professionista riesce evidentemente a resistere.

L'inglese si può forse ritenere una lingua un po' più "bastarda" delle altre, ma tutte lo sono, a cominciare dal latino, impregnato non solo di elementi greci, ma anche di parole etrusche o, comunque, non indoeuropee, come *urbs*, *miles*, *populus*, *publicus*, *orbis*. Quando il papa recita la sua benedizione *urbi et orbi*, pronuncia una formula intrisa di etrusco. Caso non unico: il latino ha ereditato come parole chiave, per dire il cielo e la città, vocaboli etruschi. Cose analoghe valgono per il greco. Tutte le lingue sono "bastarde". L'inglese, forse, lo è un po' più delle altre. Un dato curioso, di nuovo unificante, è che un dizionario degli anglismi diffusi recentemente nelle lingue europee dimostra che essi sono in larghissima parte latinismi che consentono una qualche intercomprensione nella scrittura tra i neolatinofoni (francesi,

italiani, spagnoli, portoghesi, romeni) e i tedeschi, gli ungheresi, i russi ecc., a dispetto delle
diverse pronunce.

Le lingue servono per comunicare, e non
sappiamo come tale bisogno si articolerà in futuro. Attualmente l'inglese è il principale stru-
mento di comunicazione globale, considerato
anche il fatto che un miliardo di persone in India lo parla correntemente, anche se si tratta di
un inglese piuttosto diverso da quello diffuso
nelle Isole britanniche e negli Stati Uniti. Tuttavia, non è detto che l'inglese continui a svol-
gere questo ruolo. Ci sono, infatti, altre grandi
lingue transglottiche: il russo, l'arabo, il cinese
mandarino, lo spagnolo. Barack Obama, nel
suo discorso d'insediamento alla Casa Bianca,
ha rivolto il suo primo saluto alla popolazione
in spagnolo e in inglese. Non deve stupirci: la
metà meridionale degli States è ormai ispaniz-
zata, e i latini sono molto più aggressivi degli
anglosassoni in fatto di lingua. Già ora si è osservato che in internet la percentuale di testi in
inglese va diminuendo rapidamente, anche se
è sempre altissima, a beneficio di documenti
scritti in altre lingue, persino in italiano e in

cinese. La prospettiva, da qui a cinquant'anni, potrebbe essere completamente mutata. E ciò che bisogna fare, se si vuole comunicare con il resto del mondo, è avere rapporti con una pluralità di lingue.

Attualmente l'inglese è il *passepartout* più comodo. Meglio si impara e meno si cadrà in abusi. Che la sua adozione cancelli le identità nazionali è tutto da dimostrare. Qualche volta, sui giornali, sono riportate notizie false: per esempio, che in molte università dei Paesi Bassi parte delle lezioni si svolga in inglese è ritenuto un sintomo del fatto che gli olandesi stanno ormai abbandonando la propria lingua per l'inglese. In realtà, l'uso diffuso dell'inglese nell'apprendimento di materie di studio è basato sulla giusta convinzione che ciò serva a stabilizzare in profondità la conoscenza di tale lingua nei futuri specialisti. Ma è sbagliato pensare che il Belgio fiammingo o l'Olanda vogliano abbandonare i loro idiomi. Si tratta di lingue "piccole" dal punto di vista della base demografica, ma coloro che le parlano non hanno alcuna intenzione di abbandonarle. Lo stesso vale per il lituano e per lo svedese. Queste popolazioni sono fortemente bilingui: hanno adottato a tutti i livelli sociali la conoscenza di un'altra lingua, in qualche caso di altre due, oltre quella nativa. Noi italiani dovremmo imparare questa lezione, perché non abbiamo una grande propensione all'apprendimento e all'uso di lingue straniere, e questo rappresenta un fattore di debolezza nazionale.

L'esistenza di lingue transglottiche, che i linguisti chiamano anche "di superstrato", non ostacola la vita di lingue locali: anzi, concorre al loro effettivo sviluppo. Il latino, lo abbiamo già detto, nella storia linguistica europea ha gettato ponti tra le diverse tradizioni linguistiche. Così fa oggi l'inglese. In India e in altri sessanta paesi con diverse lingue native, l'adozione dell'inglese nel ruolo di lingua "transglottica" non ha cancellato gli idiomi locali, così come non cancellarono gli idiomi locali il greco nel mondo orientale antico e il latino nell'Europa medievale e moderna.

Non va dimenticato che cosa ha significato la presenza del latino nell'Europa medioevale e protomoderna. Sotto il tetto della latinità e della sua conoscenza da parte delle persone colte, sono nate e si sono rafforzate le tradizioni scritte delle lingue dell'Europa moderna. Senza il latino, senza il modello e l'aspirazione ad avere una lingua locale pari, per potenza, al latino, Dante non avrebbe scritto in italiano né Chaucer in inglese.

Né va dimenticato che insieme all'enorme sforzo vittorioso di alfabetizzazione delle popolazioni del paese, la Rivoluzione d'ottobre – magari nefasta per altri aspetti – ha obbligato a rispettare le 52 lingue parlate nell'allora Unione Sovietica, rendendole tutte lingue scritte e lingue d'insegnamento che oggi si parlano all'ombra del russo. In India, come abbiamo detto, sono in uso 50 lingue diverse, che in buona parte devono la propria esistenza alla politica dell'impero britannico, il quale, una volta orientatosi verso un progressivo abbandono di quel paese, ha voluto favorire il consolidamento delle diverse maggiori tradizioni scritte.

Nell'Europa linguistica non vanno certamente dimenticati gli apporti dell'arabo e dell'ebraico biblico. La tradizione biblica è, con quelle pagane e cristiane, una delle radici della nostra cultura. Ed è fondamentale l'influenza araba, pervenutaci non solo attraverso molte parole, ma anche attraverso la medicina, la geometria e le tecniche idrauliche. Se però, come qualcuno sostiene, Israele dovesse entrare nell'Unione Europea, ciò porrebbe dei problemi perché finora, nell'Europa così come è disegnata dalla geografia, l'ebraico è presente solo in maniera indiretta attraverso i dialetti giudeo-romanzi e giudeo-tedeschi. Oggi sostanzialmente estinti, i dialetti giudeo-romanzi erano il cosiddetto ebreo livornese (in realtà, un livornese molto ricco di elementi ebraici), il giudeo-romanesco e il ladino spagnolo, parlato dagli ebrei che, espulsi dalla Spagna, si rifugiarono a Istanbul, dove hanno conservato la loro lingua. Lo yiddish, invece, è un dialetto giudeo-tedesco con forti componenti lessicali ebraiche. L'ebraico, inteso come tradizione parlata, non ha avuto spazio fino alla rinascita di Israele.

Prima di concludere queste riflessioni ricorderò un interessante esperimento volto a creare una lingua europea comune: sto parlando dell'esperanto, che conta fino a più di un milione di cultori, riuniti in gruppi molto attivi e presenti in numerose articolazioni culturali e sociali di vari paesi. L'esperanto, in realtà, presenta dei punti deboli. Innanzitutto, se si deve studiare un'altra lingua per poter comunicare largamente, tanto vale imparare correttamente l'inglese o lo spagnolo. In secondo luogo, l'esperanto non è una lingua internazionale neutra. Basta leggere una pagina di esperanto per accorgersi che contiene parole inglesi, tedesche, qualche parola slava, e un fondo latino molto consistente. In pratica, equivale al tentativo di costituire una media tra le lingue europee. Ma per un cinese, un giapponese o un indiano rimane comunque una lingua completamente diversa dalla sua. Quindi, la sua internazionalità è limitata.

La terza obiezione è più sottile ed è stata avanzata dal noto linguista Ferdinand de Saussure e dal celebre logico Rudolf Carnap. Entrambi hanno evidenziato, con angolazioni diverse, che qualora l'esperanto dovesse diventare una lingua di uso quotidiano imparata da bambini, finirebbe per modificarsi nel corso del tempo. Soprattutto dopo la seconda guerra mondiale, alcuni gruppi piuttosto fanatici cominciarono ad insegnare l'esperanto come prima lingua a dei bambini. Sotto la spinta della quotidianità d'uso, studiosi seri ed esperantologi come il professor Fabrizio Pennacchietti, docente di lingue semitiche all'Università di Torino, hanno osservato che l'esperanto comincia ad evolversi, ciò che del resto accade sempre quando una lingua ha successo. L'esperanto può rendere buoni servigi come interfaccia neutra tra documenti ufficiali e testi normativi che vengono da Commissione e Parlamento europeo. Ma nella realtà della comunicazione quotidiana colta, se si cercano le vie di una comunicazione a largo raggio, è meglio imparare lingue vive già diffuse.

Negli ultimi dodici anni Eurobarometer ha svolto tre indagini sugli atteggiamenti e le pratiche linguistiche dei cittadini dell'Unione Europea. Le lingue con più robusta base demografica di parlanti nativi sono il tedesco (16% dei cittadini europei), l'italiano e l'inglese *british* (13%), il francese (12%), lo spagnolo e il polacco (8%). Queste percentuali solo in parte si riflettono in ciò che qui interessa, e cioè sulle lingue più studiate e parlate come lingua straniera fuori del paese nativo. Le sei più parlate sono l'inglese (38%), il francese (12%), il tedesco (11%), lo spagnolo (7%), il russo (5%), l'italiano (3%). Fuori ovviamente da Regno Unito e Irlanda, in 19 dei restanti 25 Stati l'inglese è la lingua straniera più parlata, con punte superiori all'80% della popolazione in Svezia e a Malta.

Ancora qualche numero per capire. Nella capacità d'uso di una lingua straniera la condizione media europea non è brillante: solo il 54% dichiara di poter conversare in una lingua straniera. Ma il dato rischia di essere ottimistico: test tra gli studenti danno una percentuale più bassa: solo il 42% ha un buon livello in una lingua straniera (e solo il 25% anche in una seconda). L'Italia, come si può immaginare, è in coda anche in queste statistiche e condivide i livelli più bassi di conoscenza di lingue straniere con Regno Unito e Irlanda (che però parlano inglese!) e col Portogallo.

La realtà non è brillante, ma gli europei ne sono consapevoli: il 98% ritiene che l'apprendimento di lingue straniere è decisivo per l'av-

venire dei figli e il 77% (l'81% in Italia) pensa
che sviluppare la conoscenza di lingue straniere sia una priorità *politica*. Hanno ragione,
e fanno male gli organizzatori di simposi su
"quale futuro per l'Europa" o intitolazioni
analoghe quando non dedicano alcuna attenzione alle condizioni linguistiche effettive delle popolazioni e alle loro necessità. Rischian-
do la terribile accusa di populismo bisogna
dire che in questa materia la gente sembra
avere idee più chiare delle élites di giuristi e
politologi italiani che ritengono irrilevante la
questione.

La scuola ordinaria e il *longlife learning*, tor-
niamo a ripeterlo, sono al primo posto nelle
politiche di sviluppo delle conoscenze linguistiche di ragazzi, giovani, adulti. In molti paesi
è pratica corrente, da anni, lo studio precoce di
due lingue straniere. In Italia lo fu per una breve stagione (2000-2001) e dovremmo assoluta-
mente riprendere quel cammino. Studi recenti
mostrano che il ritorno economico individuale
dell'apprendimento di lingue straniere è più
alto per lingue di grande rilievo, ma meno diffuse dell'inglese. Anche per questo, oltre che

per esigenze generali di formazione e cultura, le scuole dovrebbero evitare di offrire e chiedere solo l'inglese.

Ma a quale lingua soprattutto rivolgerci nella vita civile e politica di una piena democrazia unitaria dell'Europa? La risposta è stata già data dai numeri allineati più su, dalle propensioni prevalenti in tutt'Europa. Se vogliamo un'Europa in cui i cittadini, per riprendere l'idea di Aristotele, parlino una lingua per discutere e decidere insieme "che cosa è giusto e che cosa no, che cosa conviene e che cosa no" per la comune *pólis* europea, oggi questa lingua è senza dubbio l'inglese. Ma senza un rifiuto, dannoso e improponibile, dalla ricca diversità linguistica che ereditiamo dal passato, che abbiamo esportato negli altri continenti e che ci caratterizza nel mondo.

Per una volta, gli italiani possono proporre un esempio positivo tratto dalla loro storia: negli ultimi cinquant'anni abbiamo imparato l'italiano senza cancellare i nostri diversi dialetti. Sappiamo in pochi chi erano Graziadio Isaia Ascoli e Giacomo Devoto, ma ne abbiamo assimilato e praticato la raccomandazione, ci siamo muniti largamente di biglietti di andata e ritorno (diceva Devoto) tra italiano e dialetto, portando certo molta cultura nazionale nei dialetti, ma sforzandoci anche di usare l'italiano con la spontaneità con cui appena ieri sapevamo usare solo il nostro dialetto nativo.

Lo stesso come europei dovremo fare con l'inglese, portare nel suo uso tutta la ricca varietà di culture, di significati e di immagini delle diverse lingue, senza abbandonarle, e portare nelle nostre lingue il gusto della concisione e della limpidezza dell'inglese.

Nota bibliografica

Una complessiva storia linguistica europea resta Antonino Pagliaro, Walter Belardi, *Linee di storia linguistica dell'Europa*, Edizioni dell'Ateneo, Roma 1963, reperibile ormai solo in biblioteca.

Due ottime sintesi, entrambe con ulteriore bibliografia, sono Henriette Walter, *L'avventura delle lingue in Occidente*, Laterza, Roma-Bari 2005 (ed. or. 1995), ed Emanuele Banfi, Nicola Grandi, *Lingue d'Europa. Elementi di storia e di tipologia linguistica*, Carocci, Roma 2003.